Hugs for Dad

존 스미스 지음 | 조민희 옮김

이끌리오

한때는 아빠를 이해할 수 없었어요.

한때는 아빠의 처진 어깨가 부끄러웠고요.

한때는 아빠를 미워한 적도 있었지요.

하지만 이제는 철없던 제 자신이 부끄러워지네요.

아빠! 사랑해요.

이제 당신의 발자취를 따라갑니다.

그리고……
미처 전하지 못한 말 대신 아빠를 꼭 안아드리고 싶어요.

Hugs for Dad

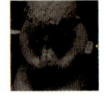

차 례

Chapter 1

최고의 유산, 추억

아버지!

당신이 언제나 나를 지켜보고 계심을 기억합니다.

평소 당신이 말하는 바를 보고 들으며,

당신이 만들어가는 인생을 본보기로 삼습니다.

당신은 일생을 통해 가치 있는 모든 것을 알려 주셨습니다.

아버지!

당신은 나와 내 아이들을 통해

당신의 역사를 만들어 가셨습니다.

사랑을 담아 세상의 모든 아버지에게

당신은 이미 영웅입니다

인간의 내면에는 영웅이 되기를 원하는 무엇인가가 잠재해 있습니다. 우리는 누구나 위대한 업적을 성취하겠다는 포부를 가지고 살아갑니다. 화마로부터 소중한 생명을 구하고, 전쟁터에서 눈부신 승리를 거두며, 공직에 나가 세상을 개선하겠노라 다짐합니다. 약자의 변호인이 되어 누명을 벗겨주고, 암의 치료법을 찾아낼 꿈도 꾸어봅니다. 어떤 식으로든 오늘의 역사를 만들어가고 미래의 세상을 결정하는 영웅이 되려는 강렬한 야심을 한 번쯤 가져보지 않은 사람은 드물 테지요.

그러나 세상의 모든 아버지여, 당신은 이미 영웅입니다. 당신의 영웅적인 성취가 소설이나, 영화, 잡지 표지에 실리는 일은 물론 없을 것입니다. 그러나 당신이 만들어 가는 하루하루는 자녀의 마음과 영혼에 고스란히 남아 있습니다. 아이들은 당신의 소박하면서도 영웅적인 행동들을 매일매일 기록합니다. 아이들의 마음속에는 여러 장의 사진이 간직되어 있습니다. 아이들을 자랑스러워하는 당신의 환한 미소가 그 사진 속에 남아 있지요.

아이들의 붉은 뺨을 타고 흘러내리는 눈물을 닦아주며 위로의
말을 건네는 당신의 모습은 그들의 가슴 속 사진첩에 영원히
기록될 것입니다. 아이들의 고민과 비밀을 들어주며 당신이 보
여준 자상한 표정 또한 오래도록 기억됩니다. 앞마당에서 함께
뒹굴며 씨름하던 모습, 외식을 하던 날의 세세한 기억, 학교를
찾아왔던 날, 생각지도 못했던 선물과 사랑이 넘치는 포옹들은
그들의 가슴에 영원히 기억될 것입니다. 아이들의 침대 곁에서
함께 기도를 드리는 아버지의 모습은 아이들에게 무한한 평안
을 전해주게 됩니다. 또한 당신의 입술을 통해 흘러나온 말들이
아이들의 인생 항로를 바꿔놓기도 합니다.

당신이야말로 영웅 중의 영웅입니다. 가장 중요한 의미에서
당신은 역사를 만들어가는 사람이며 미래를 결정하는 사람입니
다. 당신이 가장 사랑하는 사람들의 가슴 속 첫 페이지에 당신
은 영원한 기억으로 살아남을 것입니다.

부모가 자녀의 인생에 남겨줄 수 있는 최고의 유산은 **좋은 습관**이다.
그리고 그 못지않게 중요하고 강력한 것이 하나 더 있다면
그것은 아마도 **따뜻한 추억**일 것이다.

시드니 해리스_ 칼럼니스트

기회는 예고 없이 찾아온다

그날도 나는 여느 날 오후처럼, 뒷마당에서 페인트통 뚜껑을 던지며 놀고 있었다. 그때는 아직 프리스비가 세상에 나오기 전이었다. 하지만 나는 이미 페인트통 뚜껑에 숨겨져 있는 놀라운 물리적 성질을 발견하고 그것으로 프리스비 못지않게 기막힌 원반던지기 놀이를 즐기고 있었다. 모르긴 몰라도 프리스비를 발명한 사람은 나와 같은 영특한 꼬마들의 페인트통 뚜껑 던지기 놀이를 지켜보다가 그런 아이디어를 얻은 게 아닐까, 생각하곤 한다.

여느 집 뒷마당에나 나뒹굴고 있게 마련인 깡통 뚜껑을 하나 집어서 바람결에 실어 허공으로 휙 날려 보낸다. 잠시 뒤

뚜껑에 붙은 타력이 약해지는가 싶은 순간에도 바람이 힘을 보태 뚜껑을 조금 더 높이 띄워 올린다. 그러나 다음 순간, 뚜껑은 방향을 틀어 아래쪽으로 미끄러지듯 내려오기 시작한다. 그럴 때면 나는 그 뚜껑이 땅바닥에 곤두박질치기 전에 손으로 붙잡으려고 온 힘을 다해 뛰곤 했다.

그날도 나는 여느 때처럼 페인트통 뚜껑을 쫓아 이리 저리 뛰고 있었다. 그런데 하필이면 그 뚜껑이 닭장 지붕 위에 떨어지는 '사건'이 벌어지고 말았다. 난감한 순간이었다. 나는 닭장 지붕 위에 얹힌 내 장난감을 되찾기 위해 오후 내내 안절부절, 갖은 애를 다 써 보았다. 하지만 어디서도 사다리를 구할 수 없었고 결국엔 포기하는 수밖에 없었다.

그러나 희망의 불씨는 완전히 꺼지지 않았다. 때마침 귀가 하시는 아버지를 집 앞에서 만났다. 나는 구세주라도 만난 기분이었다. 아버지가 차에서 내리시기도 전에 나는 장난감을 되찾아 달라고 애원하기 시작했다. 아버지는 도시락 가방을 현관문 앞에 내려놓고 그 길로 뒷마당으로 가셨다. 닭장 지붕에 얹힌 뚜껑을 보시더니, 저 정도는 별일도 아니라고,

얼마든지 되찾을 수 있다고 나를 안심시키셨다.

아버지는 나를 어깨 위에 걸터앉게 하시고 내 두 발을 꽉 잡으셨다. 그러고는 닭장 지붕 위로 나를 올려주셨다.

"닭장이 너무 낡아서 위험하니 조심해야 한다."

아버지의 말씀을 들으며 나는 지붕 한가운데로 살금살금 다가가 뚜껑을 집어 들고는 다시 가장자리로 돌아왔다. 아버지는 아직 그 자리에서 기다리고 계셨다. 그 순간 아버지를 발 아래로 내려다보고 있자니, 어쩐지 으쓱해지는 기분이 들었다. 아버지는 환하게 웃으시며 두 팔을 벌리고 이렇게 말씀하셨다.

"뛰어라! 얘야."

그로부터 45년의 세월이 흐른 지금도 나는 그 순간을 또렷이 기억한다. 눈을 감기만 하면, 마치 눈앞의 호수와 나무들을 바라보는 것처럼, 그때의 아버지 모습을 또렷이 볼 수가 있다. 훤칠한 키, 건장한 가슴과 굳센 팔, 저절로 따라 웃게 만드는 그 환한 미소와 함께, 언제나 자신감에 넘치던 분이셨다. 나는 아버지가 돌아가시던 날의 기억을 떠올리는 것

보다는 45년 전의 그 짧은 순간을 떠올리는 것이 한결 쉽다. 그만큼 그날의 기억은 나에게 진한 추억으로 남아있기 때문이다.

나는 뛰었다. 아버지의 품을 향해 아무 두려움 없이 뛰어들었다. 그 순간 나는 모든 것을 아버지에게 맡겼다. 아버지에 대한 믿음이 없었다면 결코 뛰어내리지 못했을 것이다. 아버지는 나를 가볍게 받아 한 번 꼭 품으셨다가 빙글 돌려 바닥에 사뿐히 내려놓으셨다.

그러고는 아무 일 없었다는 듯, 내게 도시락 가방을 챙기라고 하셨고, 우리는 집 안으로 들어갔다. 그리고 조금 전 뒷마당에서의 일은 우리 두 사람의 머릿속에서 까맣게 잊혀졌다. 아니, 엄밀히 말하면 두 사람 모두에게서 잊혀진 것은 아니었다.

모르긴 몰라도 아버지는 채 몇 분도 지나지 않아 그 모든 일을 잊어버리셨을 것이다. 이후로도 다시 떠올려 보신 일이 없을 것이다. 그러므로 내가 아직도 그날의 일을 기억하고 있다는 것을 아시면 아버지는 깜짝 놀라실 것이다. 사실 아버지는 어떤 목적을 가지고 나를 도와주신 것이 아니었다. 좋은 아버지가 되겠다고 작심하신 것도 아니었다. 오래 기억될 만한 추억을 만들어주자는 계획을 가지고 하신 일도 아니었다. 그날의 일은 그 누구도 계획하지 않았던 일이었다. 그저 도움을 필요로 하는 아들을 도와준 것 뿐이었다.

우리가 자녀를 위해 진정 부모다운 어떤 일을 해내는 순간은 이처럼 아무런 예고도 계획도 없이 찾아온다. 좋은 아버지가 되고 싶어 하는 당신에게 내가 지금 꼭 해주고 싶은 이야기가 바로 이것이다. 좋은 아버지가 되는 때와 방법은 그 누구도 마음대로 계획하지 못한다. 오직 그 순간을 진심으로 대하는 방법이 있을 뿐, 그밖의 어떤 요령이나 지침도 그런 순간을 창조해내지는 못한다. 역으로, 자녀의 기억 속에 오래도록 따뜻하게 남아 있을 어떤 아름다운 순간이 찾아왔음에도 불구하고, 많은 경우 그 기회를 놓쳐버리거나 망쳐버리는 일이 허다하다. 우리가 마음속 깊은 곳까지 아버지다운 아버지가 되어 있지 않다면, 뜻밖의 상황을 맞닥뜨릴 때마다 그 한없는 애정과 무조건적인 공감을 표현할 수 없기 때문이다.

만일 나의 아버지가 평소에 자기중심적인 사람이었고, 자녀의 기분과 감정에는 무관심한 양반이었다면, 그분은 그날의 지극히 일상적이고 무의미한 순간을 위대한 성취의 한 순간으로 변모시킬 수 없었을 것이다. '그럴 시간이 없어서', 또는 '그럴 여유가 없어서' 말이다. 매정한 아버지라면 자기 성격 그대로, "너무 피곤해서 너와 놀아줄 수가 없다"고 말하거나, 나의 부주의를 한바탕 야단치고는, 나를 마당에 내버려둔 채 집안으로 들어가면서도 아무 거리낌이 없었을 것이다. 그랬다면 그날의 일은 망각 속으로 흩어졌을 것이고, 아버지와의 추억 따위는 생기지도 않았을 것이다.

이렇듯 인생의 중요한 기회들은 예고 없이, 뜻밖의 순간에 찾아온다. 하지만 우리는 대개 본성대로 반응하게 마련이다. 그러므로 우리의 본성과 맞지도 않는 '양육법'을 좇아 아무리 열심히 좋은 아버지 노릇을 연습한다고 해도 모두 허사일 것이다. 아이들을 대하는 가장 훌륭한 방법은 그들을 이해해주고, 그들이 처한 상황에 동참하는 것이다. 아이들은 그들의 입장에서, 그들의 눈높이에서 도움을 청한다. 그런 그들

에게 어른의 시각으로 대한다면 상처만 될 뿐이다. 조금만
더 아이의 입장에서 상황을 바라보기 바란다. 그러면 당신은
지금보다 더 좋은 남편, 좋은 친구, 그리고 좋은 아버지가 될
수 있다.

Chapter 2

당신을 뒤따르는 발자국

가족을 이끌고 나아갈 **책임** 앞에서,
당신은 결코 **혼자가 아닙니다.**

나의 인생 여정에 당신은 항상 앞서 계셨습니다.
내가 취할 바를 먼저 아시고,
그 길을 내 앞에 보이셨습니다.
신실하게 당신을 믿고 따르겠습니다.

사랑을 담아 세상의 모든 아버지에게

이제 어느 길로 가야 하지?

어린 꼬마가 아빠의 손을 잡고 숲길을 걷고 있었습니다. 그들 부자는 벌써 몇 시간이나 그렇게 걷고 있었습니다. 그러다 숲을 벗어나는 길이 보이지 않는다는 사실을 뒤늦게 알아차렸습니다. 아빠는 걸음을 멈추고 사방을 주의 깊게 둘러보았습니다. 하지만 눈에 보이는 것은 오직 나무들뿐이었지요. 건물이나 주유소, 편의점은 커녕 사람의 발자취조차 찾을 수가 없었습니다.

난감한 가운데에도, 아빠는 장난기 섞인 목소리로 어린 아들에게 물어보았습니다.

"우린 이제 어느 길로 가야하는 걸까?"

"모르겠어요, 아빠. 이렇게 깊숙이 들어와 보기는 처음이에요."

"그럼 너는 우리가 길을 잃었다고 생각하니?"

아빠는 다시 물었습니다.

"그럴 리가 없어요! 줄곧 아빠 손을 잡고 따라왔는걸요!"

아버지들이여 명심하십시오! 당신이 알든 모르든 간에, 당신의 등 뒤에는 언제나 당신을 뒤따르는 발자국이 있습니다. 당신

이 아직 늠름하고 굳센 젊은 아버지이든, 은발에 허리 굽은 늙은 아버지이든, 당신이 남긴 발자국을 그대로 밟으려고 애쓰는 어린 발자국이 있다는 것을 잊어서는 안 됩니다.

한 가정을 이끈다는 것이 그렇게 고독하기만 한 일은 아닙니다. 왜냐하면 당신 앞에도, 당신에게 길을 인도하기 위해 앞서 걸어간 발자취가 있기 때문입니다.

그러니 두려워 말고 이끌고 나아가십시오! 빛이 어둠을 몰아낼 것이라는 확고한 믿음이 어떤 것인지를 보여주십시오. 불의와 타협하라는 달콤한 유혹의 목소리를 물리치고, 당신의 신념을 굳건히 지키십시오.

당신은 결코 혼자가 아닙니다. 어쩌면 당신의 가족은 이렇게 깊고 으슥한 숲 속까지 들어와 본적이 없을지도 모릅니다. 그러나 그들이 당신을 믿고 따르는 한 절대로 길을 잃는 일은 없을 것입니다. 아버지들이여, 담대한 마음으로 이끌고 나아가십시오!

나는 군인이고 또한 그 점을 늘 자랑스럽게 생각한다.
그러나 그보다 훨씬 더 자랑스러운 점은
내가 자식을 둔 아버지라는 점이다.
군인은 뭔가를 이루기 위해 우선 파괴하는 사람들이다.
그러나 아버지는 오직 이루어나갈 뿐, 파괴하는 법이 없다.
내게 소망이 하나 있다면, 훗날 내가 이 세상에 없을 때,
내 아들이 나를 전장에서의 승리와 훈장을 통해서가 아니라
집에서 매일 같이 주기도문을 함께 외던 아버지로
기억해주었으면 하는 것이다.

더글라스 맥아더 장군

아들과 함께 만든 완벽한 순간

그 소년은 키가 작았고, 아직 젖살도 빠지지 않은 아이였다. 게다가 안경까지 끼고 있어서 또래 아이들의 놀림을 받곤 했다. 성적도 그저 그랬다. 그래도 선생님들에게서 칭찬을 받는 점이 한 가지 있긴 했다. 워낙 공손하고 얌전하여 언제나 '네, 선생님', '네, 알겠습니다' 라고만 대답했기 때문이었다. 이렇듯 눈에 띄는 면이라고는 도무지 찾아볼 수가 없는 아이여서, 아이의 부모는 걱정이 이만저만이 아니었다. 그 아이에게는 적극성이 부족했다. 언제나 뭔가에 주눅이 든 모습이었다. 미래에 대한 꿈이나 소망을 표현하는 일도 없었고, 친구도 없었다.

아이의 집 뒤로는 높은 산이 바라 보였다. 깎아지른 듯한 바위들과 들쭉날쭉 솟아오른 암반을 꼭대기에 얹고 있는 험준한 산이었다. 아래쪽의 경사 또한 가파르고 울퉁불퉁했으며, 붉은 참나무, 선인장, 만자니타, 아이언우드, 폰더로사 소나무, 푸른 가문비나무 등으로 뒤덮여 있었다. 이른 봄 눈 녹은 물이 지나간 자리는 흉터처럼 산자락에 깊은 골짜기를 남겼다. 그 골짜기는 굴러 내린 자갈들과 뿌리 뽑힌 고목들, 덤불들로 가득 차 있었다.

아이의 아버지는 아들이 그 산에 관심이 많다는 것을 눈치 채고 있었다. 바위투성이의 산꼭대기를 바라보며 그 장엄한 풍경에 홀려 한참 동안이나 넋을 잃고 있는 아들을 발견하는 일이 잦았던 것이다. 그러던 어느 겨울날, 눈 덮인 산꼭대기에서 태양이 유난히도 화창한 빛을 발하며 솟아오르는 모습을 바라보던 아이가 마침내 마음속 깊은 곳의 생각을 입 밖에 내고 말았다. "먼 훗날 언젠가는 저 꼭대기에 꼭 한 번 올라보고 싶다"는 것이었다. 그 말을 들은 아버지는 드디어 아들의 인생에 기회가 찾아왔음을 직감했다.

마침내 어느 화창한 봄날, 아버지는 돌연 아들에게 오늘은 학교에 가지 않아도 좋다고 말했다. 오늘은 그야말로 '특별한 계획'이 세워져 있다고 말이다. 그들 부자가 물통에 물을 채우고, 점심 도시락을 꾸리고, 등산복을 차려입는 동안 아이의 얼굴은 흥분과 기대로 빛을 발했다. 두 눈은 일찍이 아버지가 한 번도 본 적이 없는 활기로 타오르고 있었다. 그들은 차를 타고 타이어 자국이 나 있는 끝까지 산길을 달려갔다. 마침내 그 험준한 골짜기의 입구에 다다랐을 때 그들은 등반을 시작했다.

에베레스트 산을 오르는 사람들이라 해도, 그들 부자보다 더 열심일 수는 없을 것이다. 그들보다 더한 고생을 겪은 사람들도 없었을 것이다. 또한 포기하고 싶은 생각이 그렇게 사무쳤던 사람들도 없었을 것이다. 아버지는 자신의 계획이 얼마나 무모한 것인지를 뒤늦게 알아차렸다. 앞으로 정상까지 얼마나 큰 어려움이 기다리고 있는지 짐작할 수도 없었다. 그러나 도중에 포기할 수는 없었다. 그가 아는 것은 단하나, 절대로 실패해서는 안 된다는 것뿐이었다. 아들은 반드시 이 일을 이루어내야 했다.

힘에 겨워 얼굴이 벌게진 아들은 숨을 헉헉대며, 땀에 흠뻑 젖어 있었다. 그만 돌아가면 안 되느냐고, 아들은 한두 번 나약한 속마음을 내비치기도 했다. 그러나 그들의 대단한 등반은 계속되었다.

마침내 골짜기를 벗어나 탁 트인 곳에 이르렀을 때 그들의 눈앞에 펼쳐진 수 킬로미터의 장관은 경이로움 그 자체였다. 발아래의 낮은 언덕들 사이에 폭 파묻히다시피 들어앉아 있는 마을의 집과 거리들은, 지금 이 순간 그들의 눈에 너무나 작고 보잘것없어 보일 정도였다. 아이는 외쳤다.

"꼭대기에 올라가면 온 세상이 다 내려다보이겠어요. 두고 보세요."

그들은 다시 정상을 향해 올라가기 시작했다.

두 번째 산등성이에 도달했을 때, 그들은 배낭을 내려놓고 점심을 먹었다. 위풍당당한 폰더로사 소나무에 기대앉아서 지친 허리와 욱신대는 다리를 달랬다. 그들 부자는 한 조각의 샌드위치를 나눠 먹으며, 한 병의 물을 나눠 마셨다. 같은

길을 오르며 고생도, 희망도, 피로도 나눠지고 온 그들이 너무나도 아름다운 하나의 풍경을 함께 바라보고 있는 것이었다. 또한 기적과도 같이 모든 것을 품어버리는 하나의 '정적' 속에 두 사람의 마음이 함께 휴식하고 있었다.

"정말 조용해요. 그쵸, 아빠? 너무 조용해서 오히려 귓속에서 무슨 소리가 들리는 것만 같아요."

그들 부자는 그 순간 서로에게 너무도 가까이 다가가 있었다. 그 자체로 완벽한 순간이었다.

이제 집으로 되돌아가자는 이야기 따위는 나오지도 않았다. 그런 생각은 씻은 듯이 사라져버렸다. 신의 선물과도 같았던 최고의 점심 식사를 끝내고 이제 그만 그 자리를 떠나야 했다. 그때, 그들의 몸과 마음은 새로운 활기로 가득 차 있었다. 앞으로 정상까지 얼마나 더 가야 하는가에 대해서만 이야기하고 있었다.

정상에 이르기 전 마지막 75m는 그들에게 최고의 시험대가 되었다. 수직으로 깎아지른 암벽을 손으로 붙잡고 기어올라야 했기 때문이다. 힘든 고비를 넘겨야 했던 만큼 그들이 정상을 밟을 때의 감동은 두 배가 되었다. 숨은 턱까지 차올랐지만 그들의 가슴은 흥분으로 쿵쾅거렸다. 아버지는 아들을 앞세운 채 뒤따르고 있었다. 만일의 사태에 아들을 보호하기 위해서이기도 했지만, 그보다는 아들이 먼저 정상을 밟게 하고 싶었기 때문이었다. 마지막 한 번의 힘을 다해 꼭대기로 몸을 밀어 올린 아들은 잠시 아무 말도 없이 그 자리에 서 있었다. 그리고 곧 뒤로 돌아 아버지에게 손을 내밀었다. 땀에 젖어 이마에 들러붙어 있던 아들의 갈색 머리카락이 거센 바람에 힘차게 나부끼는 것을 아버지는 보았다. 아들은 씩씩한 목소리로 말했다.

"제 손을 잡고 올라오세요, 아빠. 여긴 정말 굉장해요."

아들은 어느 새 자신감에 차 있었다. 그 순간 주눅이 든 모습은 어디에서도 찾아볼 수 없었다. 그는 아버지와의 산행을 통해 자신감을 회복할 수 있었고 아버지와의 잊지 못할 추억을 하나 만들었다. 물론 산행을 계획한 것은 아버지였지만, 산에서 일어난 그 모든 위대한 일들을 계획한 것은 그가 아니었다. 우리가 의미 있는 어떤 일을 해내고자 할 때, 우리는

그 일이 어떻게 이루어질지 알지 못한다. 다만 그분이 베풀
어주시는 은혜로운 기회에 우리는 영혼의 힘을 다해 반응할
수 있을 뿐이다.

Chapter 3

진정한 승리

나의 가는 길에 **장애물**이 가로막을 때,
당신은 언제나 그 **해결 방법**을 알려주셨습니다.

그리고 나에게 용기를 불어 넣어 주셨습니다.
당신의 도움이 가장 온전한 때는
내가 나약해지는 바로 그때임을 기억합니다.
당신으로 인해 눈앞에 닥친 패배와 곤경과 비난이
나의 성장을 돕는 기회임을 알았습니다.

사랑을 담아 세상의 모든 아버지에게

승리는 내 안에 있다

유의어 사전에서 '승리'라는 단어를 찾아보면, '성공', '정복', '성취' 등의 단어들과 만나게 됩니다. 그 뒤에 잇따라 '기뻐하다', '자축하다', '환호하다' 등이 이어집니다. 반면에 '실패'라는 단어를 찾아보면 전혀 다른 단어들을 만나게 됩니다. '좌절', '무능', '과실' 혹은 '열등'이라는 단어들을 시작으로, '시들다', '무너지다', '낙담하다' 등으로 이어집니다.

이런 식의 연상 작용은 성공과 실패에 대한 우리 사회의 통념을 그대로 반영하고 있습니다. 대부분 어른의 관점이 그러하니 우리 아이들이 오직 성공만을 중요하게 생각하고 실패는 받아들이지 못하는 것은 당연할 것입니다. 그러나 사람은 누구나 실패하게 마련입니다. 완벽한 부모, 완벽한 배우자, 완벽한 아이, 완벽한 친구 중 어느 한 가지에 성공하는 것만 해도 여간 어려운 일이 아닙니다. 그렇다면 성공만을 바랄 뿐 실패를 받아들이지 못하는 우리는 비참하고 불행한 삶을 살고 있는 것일까요?

아닙니다. 당신의 아이가 시합에서 졌을 때, 시험에서 떨어졌

을 때, 결승점을 앞두고 넘어졌을 때, 그때가 바로 당신의 도움이 필요할 때입니다. 꼴찌로 들어오는 아이에게 결승점에서 손을 흔들어주어야 합니다. 결과가 좋든 나쁘든, 등을 토닥이며 격려해주어야 합니다. 아이가 실패를 지나치게 두려워하지 않도록 이끌어주어야 합니다. 왜냐하면 그들의 앞길에는 너무나 많은 험난한 실패들이 기다리고 있기 때문입니다.

아버지들이여, 당신이 사전을 다시 쓰십시오. 당신의 아들과 딸을 위한 사전을 말입니다. 노력하는 가운데 '긍지'가 있음을, 참여하는 자체에 '즐거움'이 있음을, 땀 흘려 달리는 바로 그 순간에 순수한 '기쁨'이 있음을 가르쳐 주십시오. 또한 '실패'라는 단어 옆에 새로운 단어들을 추가해 주십시오. '수용', '격려', '회복', 그리고 '희망'이라는 단어들을 말입니다.

아이들이 실패를 경험한 그 순간, 그들이 우리를 필요로 하는 '바로 그때'에 그들에게 말해주십시오. 승리는 언제나 내 안에 있다는 것을.

한 방 맞고 쓰러진 것은 중요하지 않다.
문제는 다시 일어났느냐 그러지 못했느냐이다.

빈스 롬바르디

나는 네가 있어 자랑스럽구나

어린 꼬마 몇몇이 축구 시합을 하고 있었다. 우리 아이들은 다 자란 터라 그 아이들이 그저 신기하게만 느껴졌다. 그래서 나도 모르게 한참 동안이나 아이들의 모습을 물끄러미 바라보고 있었다.

그들 대부분은 대여섯 살쯤 되는 꼬마들이었다. 그래도 그들 나름대로 진지하게 시합에 임하고 있었다. 팀도 제대로 나뉘어 있었고, 유니폼까지 갖춰 입고 있었다. 뿐만 아니라 양 팀 모두 정식 코치가 지휘하고 있었다.

열렬히 응원하는 부모들의 모습도 보였다. 그들 중 누구와도 안면이 없었던 나는 시합의 승패에 신경 쓰지 않고 느긋

한 마음으로 게임을 즐길 수가 있었다. 부모들과 코치들도 나처럼 느긋할 수 있었다면 얼마나 좋았을까?

편의상 각 팀을 '청팀'과 '백팀'이라고 부르기로 하자. 두 팀의 실력은 그야말로 우열을 가리기 힘들었다. 꼬마 선수들은 누구랄 것 없이 온통 야단법석이었다. 뛰는 모양새가 아직 어설픈데다가 제대로 된 발길질 한 번 구경하기 힘들었다. 제 발에 걸려 넘어지는가 하면 공을 밟고 자빠지기도 했다. 헛발 질의 연속이었다. 그러나 그들은 그다지 마음 상해하지 않는 듯했다. 그야말로 아이들은 게임을 즐기고 있었다.

후반전이 시작되었을 때, 무슨 생각에서였는지 청팀의 코치는 선수를 대거 교체했다. 주전이라고 할 만한 선수들을 모조리 빼내고, 아직 실력이 부족해 보이는 후보선수들을 투입한 것이다. 그대로 남겨 둔 주전선수는 골키퍼 하나뿐이었다. 반면 백팀의 코치는 실력 있는 선수들만 새로 투입했다. 다섯 살짜리 꼬마들의 세상에서도 승리는 중요한 모양인지 그 코치는 시합에 모든 것을 다 걸고 있었다.

상황이 이러하니 선수 교체 이후 경기의 양상은 급변할 수

밖에 없었다. 청팀의 후보선수들은 백팀의 주전선수들을 당해내지 못했다. 백팀의 선수들이 청팀 골대 근처에 우글우글 몰려들고 있는 판이었다. 전반전부터 뛰어온 작은 꼬마 하나가 지키고 있는 그 골대에 말이다. 그 아이는 전반전부터 눈에 띄게 활약해 온 훌륭한 선수였지만 서너 명의 공격수를 감당해 내기에는 역부족이었다. 결국 백팀이 점수를 내기 시작했다.

골문을 지키는 외로운 꼬마는 최선을 다하고 있었다. 날아오는 공을 향해 겁 없이 몸을 던지는 아이의 모습은 애처로울 지경이었다. 그럼에도 불구하고 백팀의 선수들이 잇따라 두 골을 넣어 버렸다. 그 두 골은 아이의 승부근성에 불을 지르고 말았다. 아이는 미친 듯이 소리 지르고 달리고 몸을 날리기 시작했다. 온 힘을 다 짜내서 공을 몰고 오는 공격수 하나를 막아섰다. 그 공격수는 6m쯤 떨어져서 달려오고 있던 다른 공격수에게 공을 보내 버렸다. 아이가 황급히 다시 자세를 잡았을 때는 이미 너무 늦어버린 뒤였다. 백팀이 세 번째 골을 성공시키고 말았던 것이다.

나는 응원석의 사람들 중 누가 그 골키퍼 아이의 부모인지 짐작할 수가 있었다. 그들은 점잖은 차림새로 교양 있어 보이는 사람들이었다. 아이의 아버지는 직장에서 축구장으로 곧장 달려온 길인 듯, 양복에 넥타이를 매고 있었다. 그들 부부는 아들을 향해 격려의 말을 외치고 있었다. 필드에서 외로이 싸우고 있는 아이와 응원석에서 안타깝게 열을 올리고 있는 부모를 지켜보고 있자니, 나조차도 손에 땀이 날 지경이었다.

　　그러나 세 번째 골이 터진 이후, 그 아이의 태도는 눈에 띄게 달라져 있었다. 아무리 열심히 뛰어봐야 소용없다는 것을 깨달은 듯 했다. 혼자 힘으로는 상대 팀을 막을 수가 없다는 것을 말이다. 경기를 포기하려고 하지는 않았지만, 아이의 태도에는 소리 없는 좌절감이 배어 있었다. 전의를 상실한 후의 무력감이 그 아이의 작은 몸을 짓누르고 있는 듯 보였다.

　　아이의 아버지 역시 조금 전과는 달라져 있었다. 아들이 좀더 열심히 뛰도록 하기 위해 격려와 응원의 말을 그토록 열렬히 외치던 그였다. 그러나 지금은 흥분이 다소 가라앉은 대신, 불안하고 초조한 기색이 역력했다. 그는 아들에게 괜찮다고, 끝까지 버티기만 하라고 말해주고 싶은 듯했다. 어린 아들이 느끼고 있을 고통을 함께 느끼며 그도 괴로워하고 있는 듯 했다.

기어이 네 번째 골이 터졌을 때, 나는 이제 무슨 일이 벌어질지 짐작할 수 있었다. 전에도 비슷한 상황을 본 적이 있었다. 아이는 너무도 절박하게 도움의 손길을 원하고 있었지만, 그 누구도 아이를 도와줄 수 없었다. 아이가 그물에 걸려 있는 공을 집어 들어 심판에게 건네주는가 싶더니, 그만 울음을 터뜨리고 말았다. 커다란 눈물방울을 양 볼에 줄줄 흘리며 아이는 잠시 서 있었다. 그러더니 결국 무릎을 꿇고 앉아 두 주먹으로 눈물을 훔치며 큰소리로 울기 시작했다. 거칠고 험한 세상사에 좌절하고 상심한 그 어떤 어른보다도 더 슬프고 비참한 눈물을 흘리고 있었다.

아이가 무릎을 꿇자마자 아이의 아버지는 자리를 박차고 일어섰다. 필드로 뛰어 들어가려는 기세가 역력했다. 아내가 그의 팔을 붙잡고 말렸다.

"안 돼요, 짐. 애를 더 창피하게 만들 뿐이에요."

그러나 그는 아내의 팔을 뿌리치고 필드로 달려갔다. 아직 경기가 진행 중이었으니, 그의 행동은 원칙적으로 해서는 안 될 행동이었다. 그러나 그는 조금도 주저하지 않았다. 양복 저고리와 넥타이, 그리고 구두를 하나하나 벗어 던지고는 아들을 향해 달려갔다. 그러고는 지켜보는 모든 사람에게 '이 아이의 아버지가 바로 나'라고 자랑이라도 하듯이, 아들을 번쩍 들어 올렸다. 그는 아들을 꼭 안고 아이와 함께 울었다. 나는 그 전에나 후에도, 그때 만큼 누군가를 자랑스럽게 느껴본 적이 없다.

아버지는 일단 아들을 라인 밖으로 데리고 나왔다. 그들이 주고받는 이야기가 내 귀에도 들려왔다. 아버지는 이렇게 말했다.

"스카티, 이 아빠는 네가 너무나 자랑스럽구나. 오늘 정말 잘 했다. 네가 누구 아들인지 사람들한테 자랑하고 싶구나."

"아빠, 녀석들을 막을 수가 없었어요. 정말 열심히 뛰었는데, 아무리 열심히 해도 소용없었어요. 네 골이나 먹고 말았어요."

아이는 흐느끼며 말했다.

"스카티, 몇 골을 먹었는가가 중요한 것이 아니란다. 넌 내 아들이니까, 그래서 네가 자랑스러운 거야. 돌아가서 경기를 끝마치기만 하면 그 이상 더 자랑스러울 수는 없을 거야. 그만두고 싶은 거 알아, 하지만 그래선 안 되지. 돌아가서 다시 뛰거라. 녀석들이 또 골을 넣을 수도 있겠지만, 그까짓 거 아무려면 어떠냐."

아버지의 말은 놀라운 위력을 발휘했다. 아이의 기분과 마음가짐이 달라지고 있다는 것을 한눈에 알 수 있었다. 누구나 살다보면 그 아이와 같은 상황에 빠질 때가 있다. 무서운 기세로 돌진해 오는 공격수들 앞에서 홀로 맞서 있을 때, 결국에는 골을 먹고 말 것이 분명한 불가항력의 상황 말이다. 두렵고 떨리는 순간이다. 바로 그런 때에, 나를 사랑하는 사람들에게는 내가 골을 먹든 말든 아무 의미를 갖지 못한다는 사실이 얼마나 큰 힘이 되는지 모른다. 아이는 아버지에게서 바로 그 점을 확인 받은 것이다. 기운을 차린 아이는 필드로 돌아갔고 경기는 계속되었다. 이후로도 두 골이나 더 먹었지만, 아이는 이제 울지 않았다.

아이는 아빠가 자신의 편이 되어주었기 때문에 한 골을 더 먹는 것은 그리 중요하지 않다고 생각했을 것이다. 자신을 믿어주는 아빠가 있기에 승부보다는 게임을 즐겼을 것이다.

나는 매일의 삶 속에서 수도 없이 골을 먹으며 살고 있다. 물론 나는 최선을 다해 열심히 뛴다. 사방팔방으로 몸을 날리고 분노로 씩씩거리기도 한다. 달콤한 유혹과 죄를 몰고 달려드는 적의 공격을 막기 위해 최선을 다하지만, 적은 나보다 실력이 뛰어나다. 또 다시 골을 먹고, 내 눈에서는 눈물이 솟는다. 나는 무릎을 꿇고 무력한 죄인이 되어 흐느낀다. 그럴 때면 아버지가 내게로 쏜살같이 달려오신다. 지금 이순간 내게 필요한 것이 무엇인지 아시기에 필드 안까지 달려와서 모든 관중이 지켜보는 가운데 나를 안아 올리고는 이렇게 말씀하신다.

"나는 네가 너무나 자랑스럽다. 오늘 정말 잘했다. 네가 누구 아들인지 자랑하고 싶구나. 그리고 이 경기를 심판하는

마지막 심판이 바로 나라는 것을 명심하거라. 그래서 말인데
내가 보기엔 오늘의 승리자는 바로 너란다."

Chapter 4

뿌리와 날개라는 선물

인생의 **폭풍우**가 몰아치는 가운데
당신은 내게 **든든한 버팀목**이 되어 주셨습니다.

실수와 어리석음으로 인하여,
고통과 후회의 나락으로 곤두박질 칠 때,
내 옆에는 언제나 당신이 계셨습니다.
당신이 있기에, 당신이 나와 함께 함을 알기에
나의 인생의 여정이 순조로웠음을 고백합니다.

날개를 달아 주세요

아직 눈도 뜨지 못하는 갓난아이를 처음으로 품에 안는 그 순간부터 부모의 노고와 걱정은 시작됩니다. 학교에 보내는 첫 날에는 또 얼마나 가슴을 졸여야 하는지 모릅니다. 딸아이의 수학 성적 때문에 고민하는 한편, 실연 당한 아들과 함께 가슴앓이도 하게 됩니다. 그러다 어느덧 졸업 파티를 앞두고 들떠있는 다 큰 아이를 바라보게 되면 부모는 몇 배는 깊고 진한 감회에 젖지 않을 수 없을 것입니다. 오늘이 있기까지 자신이 아이들에게 바쳤던 그 모든 것에 대한 가슴 뿌듯한 회상과 함께, 앞으로 다가올 변화에 대한 아쉬움과 허전함이 교차할 것입니다. 말은 안 해도 이미 알고 있을 것입니다. 이제는 아이들을 떠나보내야 할 때가 되었다는 사실을 말입니다.

이런 문제로 갈등하고 있는 아버지에게 묻고 싶습니다. 당신이 그 모든 시간과 노력을 기울여 자녀를 키워오는 동안, 양육의 최종 목표지점이 어디였습니까? '스스로 모든 것을 헤쳐 나갈 수 있을 때까지 돌봐주자'는 것이 아니었습니까? 훌륭한 양육

자로서 아버지는, 아이들에게 뿌리와 날개를 줄 수 있어야 합니다. 가정의 전통과 무조건적인 사랑이라는 토대에 굳건히 뿌리 내리게 도와주는 한편, 가족이라는 둥지를 박차고 스스로의 인생 항로를 힘차게 날아갈 수 있도록 날개를 달아주어야 합니다.

이제 막 깃털이 난 어린 새들이 처음으로 나는 법을 배울 때면 그 날갯짓이 참으로 어설프기 짝이 없습니다. 둥지를 박차고 땅으로 곤두박질치는 것부터 배우기 시작합니다. 우리 아이들도 마찬가지입니다. 그런 실망스러운 모습들 때문에 아버지는 마음이 흔들리기도 합니다. 아이들을 다시 안전한 가정으로 불러들여야 하는 것은 아닌가 고민하게 되지요.

그러나 그 모든 시행착오는 소위 '커 가는 과정'에 불과한 것들입니다. 보잘 것 없는 씨앗들로부터 싹이 돋고 뿌리가 내려 완전한 자립이라는 놀라운 나무 한 그루가 자라났을 때, 당신의 자녀가 신념과 꿈을 지닌 책임감 있는 젊은이로 성장한 것을 보게 될 것입니다.

우리가 자녀들에게 남겨주기 바라는 유산들 중에
정말로 가치 있는 것은 두 가지 뿐이다.
첫째는 뿌리이고, 다른 하나는 날개이다.

호딩 카터

언젠가는 떠나보내야 할 나의 딸

그런 일은 언제나 늦은 밤에 일어나게 마련이다.

그날도 마찬가지였다. 밤늦은 시간에 갑자기 전화벨이 울렸다. 벌써부터 깊이 잠들어 있던 나는 허둥대며 어둠 속을 더듬어 수화기를 찾아야 했다. 그 바람에 크리넥스 통은 바닥에 떨어지고 램프 갓은 위태롭게 한쪽으로 기울어졌다. 나는 투덜거리지 않을 수 없었다. 만일 이것이 잘못 걸려 온 전화라거나 말도 안 되는 무슨 광고 따위를 하려는 전화라면 내 가만 두지 않겠다고 말이다. 그 사이에 수화기가 손에 잡혔고, 즉시 퉁명스럽고도 낮은 어조로 내뱉었다.

"여보세요."

그러나 수화기 저편의 상대는 즉시 대답하지 않았다. 몇 초 동안 불안한 침묵이 흐를 뿐이었다. 그러더니 이윽고 뜻밖의 목소리가 들렸다.

　"아빠."

　그 한 마디에 나는 잠이 확 달아나는 것을 느꼈다. 그와 동시에 내 입에서는 대답이 절로 튀어나왔다.

　"크리스? 무슨 일이냐?"

　바로 그때부터 수화기에서 들려온 소리는 세상의 모든 아버지가 익히 들어온, 너무나도 익숙하면서 동시에 언제까지나 익숙해질 수 없는 바로 그 소리였다. 요람에서 무덤까지 영원하고도 보편적인 상심의 소리. 내 딸아이가 흐느껴 울고 있는 소리였다. 그것은 참을 만큼 참은 뒤, 한꺼번에 터져 나오는 울음소리였다. 딸아이는 내게 전화를 하지 않으려고 마지막 순간까지 참았던 것이다. 그러다가 어느 순간, 슬픔에 빠져 허우적거리는 것보다 더 지독한 것이 하나 있다면, 그것은 혼자서 오롯이 그 슬픔을 감당해야 한다는 것을 느꼈을 때, 그 아이는 수화기를 집어 들었던 것이다.

딸아이는 말도 제대로 잇지 못할 정도로 비통해하고 있었다. 내가 할 수 있는 일은 아이와 함께 슬퍼하며 아이가 차분히 설명할 수 있을 때까지 끈기 있게 기다려주는 것이었다. 그리고 속으로 혼자서 온갖 무서운 상상을 다해보는 것뿐이었다. 그 순간 머릿속에 두서없이 떠오르는 이런 저런 가능성들은 전혀 위안이 되지 않는 것들이었다. 무슨 병에 걸린 것인가? 마약? 임신? 유급이나 퇴학인가? 아니면 가까운 누군가가 죽었거나 다친 것일까?

흐느낌이 어느 정도 가라앉자, 아이는 이야기를 꺼내놓기 시작했다. 앞뒤도 안 맞고, 요령부득으로 조각난 그 이야기들을 한 마디로 요약해보자면, 남자친구와 헤어졌다는 것이다. 그저 가볍게 만난 남자친구가 아니라, 마음을 다해 사랑했고, 결혼까지 생각했던 남자와의 결별이었다. 딸아이의 심신은 완전히 산산조각 난 듯했다. 그러나 나는 그 이야기를 듣고 안도의 한숨을 쉬었다.

'하나님 감사합니다. 그런 정도의 일이라면 불행 중 다행이야.'

나는 속으로 감사의 기도를 했다.

딸아이는 북받치는 감정을 내게 쏟아 내놓았다. 왜 이런 일이 일어났는지 이해할 수 없어서 혼란스러워하고 있었고, 배신감 때문에 분노하고 있었다. 게다가 아직 어리고 경험이 없는 탓에, 이런 일이 유독 자기에게만 닥쳐온 특별한 불행이라고 오해하고 있었다. 그 때문에 소외감과 고독감까지 느끼고 있었다. 아이는 그런 감정을 내게 털어놓았던 것이다. 그러나 내가 그 아이의 이야기를 들으면서 점점 더 확실하게 느낀 것은, 실제적인 도움을 줄 수 없다는 것뿐이었다. 우리는 너무나 멀리 떨어져 있었고, 그 물리적인 거리가 부모 자식 간의 관계에도 얼마나 뚜렷한 차이를 가져다주는지를 절실히 깨달을 수 있었다.

"아빠, 나 지금 집에 가도 돼요? 우리 집 내 방 침대에 누워 있으면 잠들 수 있을 것 같아요. 나 집에 갈래요."

딸이 흐느끼며 말했다.

오, 사랑하는 나의 딸아! 나는 속으로 생각했다. 네 기분이 지금 어떤지는 잘 알고 있단다. 상처받은 마음은 절로 고향

집을 향하는 법이라는 것을 내가 왜 모르겠니? 그리고 가장 힘든 순간에 네가 집을 떠올리고, 부모를 생각했다는 사실이 네 엄마와 나를 얼마나 뿌듯하게 만드는지 모른단다. 너한테는 지금 쉴 곳이 필요하고, 또 네가 아는 유일한 안식처가 바로 집이라는 말이니까. 하지만 얘야, 네가 집에 다녀간다 해도 세상은 조금도 변하지 않는단다. 네 집은 지금 너에게 필요한 치료약을 줄 수가 없어. 이게 나의 속마음이었지만 내 입에서 나온 대답은 달랐다.

"물론이야. 언제든 집으로 오거라. 네 엄마와 나도 네가 너무 보고 싶구나."

그러나 그렇게 말하고 있으면서도 내 생각은 현재가 아닌 미래로 달음박질치고 있었다. 물론 나는 내 딸이 집에 와 있기를 진심으로 원하고 있었다. 그 아이를 달래고 진정시킬 수 있는 내 나름의 해답을 주고 싶은 마음이 굴뚝같았다. 그 아이가 나에게 의지하고, 우리에게서 마음의 안식을 찾을 수 있기를 얼마나 바랐는지 모른다. 그럼에도 불구하고, 그 아이에게 정말로 필요한 것은 내가 원하는 그런 의존이나 휴식이 아니라는 생각을 떨칠 수가 없었다. 그 아이가 지금 집으로 돌아오면, 앞으로도 힘들 때마다 번번이 집으로 돌아오게 될 것이 분명했다. 그래서 나는 이렇게 말했다.

"하지만 얘야, 여기서 뭘 할 수 있겠니? 친구도 하나 없고 딱히 할 일도 없는 걸. 엄마와 나는 일하러 나가야 하는데 하루 종일 혼자 있어야 하잖니? 아마도 네 슬픔이 더 커질지도 모르겠구나."

"모르겠어요, 아빠. 뭘 어떻게 해야 할지 모르겠어요."

"모르는 건 나도 마찬가지란다. 그렇지만 내 생각엔, 여기 와봐야 외롭고 허전하기는 마찬가지일 것 같구나. 게다가 결국엔 그리로 다시 돌아가야 하잖니. 어차피 돌아가야 한다면, 지금 그 자리에서 현실에 맞닥뜨리는 게 더 낫지 않을까?"

"그런 생각까지는 해보지 못했어요."

딸아이는 당황스러운 기색으로 그렇게 말했다.

어디로 도망가봐야 그 아이가 속해 있는 세상은 유일무이하고, 비록 그 세상이 암초에 걸려 산산이 부서진 상태라고 하더라도, 가혹한 내일이 오는 것을 막을 수는 없다는 사실

에 이제야 생각이 미친 모양이었다. 우리는 많은 이야기를 나누었다. 길지 않은 그 시간 동안에, 딸아이가 조금씩 차분해지며 어른스러워지는 것을 느낄 수 있었다. 새로이 눈뜬 가혹하고도 엄연한 현실이 그 아이에게 강한 인상을 남기고 있었던 것이다.

"그러니까 이제……. 겁쟁이처럼 집으로 도망치는 일은 없어야겠죠, 아빠? 그렇죠?"

그것은 내 가슴을 찢는 고통스러운 질문이었다. 그러나 그 아이가 그런 질문에까지 도달한 것을 반기며, 나는 감정을 억누르고 대답했다.

"없어야지, 크리스. 이젠 네 자신이 너의 집이란다."

오, 내 사랑하는 아기, 내 소중한 딸아. 이 순간 너를 둘러싼 모든 것이 얼마나 가혹하게 느껴질지……. 그렇단다. 세상은 가혹한 것이란다.

이제는 내가 눈물을 흘리고 있었다.

딸도 나도 알고 있었다. 이제 그 아이는 부모의 품을 벗어나 있다는 것을. 그리운 고향집도, 낯익은 방과 포근한 침대,

그리고 부모의 사랑도 그 아이의 가슴속을 차지한 공허감을 몰아 내주기에는 불충분하다는 사실을 말이다. 우리는 우리의 무력함과 불완전함을 뼈저리게 느낄 수 있었다.

"아빠, 저를 위해 두 분이 기도해 주실 거죠?"

"언제나 기도한단다. 너를 위해서."

"그렇지만 이번엔 특별히 더 많이 기도해주실 거죠? 제가 바라는 건 그것뿐이에요."

그렇다. 기도는 언제나 우리의 유일한 희망이다. 바로 그것을 깨닫기 위해 이런 고통스러운 나날들이 필요한 것인지도 모른다. 딸아이는 아마 그날밤의 일을 곧 잊을 것이다. 그러나 다음에 다시 상심할 일이 생겼을 때, 그 아이는 좀더 수월하게, 그리고 좀더 확실하게 기도라는 방향을 향해 돌아설 것이다. 그리고 언젠가, 아내와 내가 이 세상 사람이 아닐 때에, 기도만이 그 아이의 진정하고도 유일한 희망이며 안식처가 되어준다는 사실을 알게 될 것이다.

"이젠 저 괜찮아요, 걱정 마세요."

그래, 넌 괜찮을 거야. 네가 생각하는 이상으로, 너는 무사

하고 안전할 거야. 물론 그래도 엄마와 나의 근심 걱정은 언제까지나 계속되겠지만.

"사랑해요, 아빠. 그 어느 때보다 더 사랑해요."

"나도 사랑한다. 딸아."

딸이 말하는 사랑과 나의 사랑이 똑같지는 않을 것이다. 그러나 그전보다 한결 가까워진 것만은 분명했다. 나의 사랑은 늘 있던 그 자리에 머물러 있었지만 딸아이가 껑충 뛰어올랐으니 말이다.

나는 수화기를 내려놓았다. 그러자 아까부터 완전히 잠에서 깨어 걱정스러운 얼굴로 바라보고 있던 아내가 대번에 물었다.

"괜찮대요?"

대화의 반쪽만 엿들으며 불안한 상상을 억누르고 있었으니 얼마나 괴로웠을까?

"그럼, 여보. 그 아이는 괜찮아요. 오늘처럼 괜찮은 날도 아마 없었을 거요. 앞으로 몇 주가 꽤나 힘겨운 고비가 되겠지만."

"집에 온대요?"

"아니, 집에 오지 않을 거요. 이제 우리 귀여운 아기는 잊어버려요. 그 아이는 우리가 바라던 대로 어른이 되었으니까. 다 괜찮을 거요."

아이를 키우는 일! 언젠가는 내 품에서 아이를 떠나보내야 한다는 것을 전제로 하고 있다. 누구라도 아이를 떠나보내는 일을 다시 하고 싶은 생각은 없을 것이다. 하지만 그 힘든 시간들은 내게 우주의 경이로움을 일깨워 주었다. 아이를 키우면서 겪어야 하는 아버지로서의 아픔이 무엇인지를 깨닫게 하는 소중한 경험이었다. 그 순간은 견디기 힘들었지만 다행히 아이가 올바른 판단을 해주었기에 별 탈 없이 넘길 수 있었다.

물론 아이에게도 그 순간은 견디기 힘들 만큼 고통스러웠을 것이다. 하지만 그 힘든 순간을 지혜롭게 넘겼기 때문에 더 큰 상처없이 일상으로 돌아갈 수 있었다. 만일 그 상황에 매몰되었다면 상상하기도 싫을 만큼의 끔찍한 결과를 초래했을지 모를 일이다.

또한 그 사건은 아이를 키워보지 않았더라면 결코 알지 못했을 진리를 깨닫게 해주었다. 우리가 하나님에게 얼마나, 그리고 어떤 식으로 종속되어 있는지를 말이다.

Chapter 5

곁에 있다는 기쁨

당신이 나를 **사랑**하신 것과 같이
나도 당신을 사랑합니다.

당신의 사랑 안에 머물며 당신과 함께 하고 싶습니다.
당신의 사랑을 알기에 당신을 사랑할 수 있었습니다.
투박하지만 진솔한 마음을,
퉁명스럽지만 뜨거운 사랑을,
이제, 나의 아이들에게도 전하려 합니다.
당신의 사랑은 아이들을 통해 영원히 기억될 것입니다.

사랑을 담아 세상의 모든 아버지에게

함께한다는 것의 의미

　결정적이고도 중대한 순간을 함께한다는 것! 그것은 우리의 의지대로 선택하거나 피할 수 있는 일이 아닙니다. 그런 중대한 순간은 전혀 예상치 못한 때에, 아무 예고도 없이 다가오게 마련입니다. 그것을 미리 계획하거나 대비할 수 있는 사람은 아무도 없습니다. 다만 아무 일도 벌어지지 않는 지루하고도 일상적인 매일 매일을 함께 하며 기다리는 것 말고는 그 특별한 순간을 누리기 위한 방법은 없을 것입니다.

　중대한 순간을 함께 하기 위해서는 전혀 중요하지 않은 순간들도 언제나 함께 해야 합니다. 위험하고도 심각한 유혹과 싸우고 있는 아들이 용기를 내어 고민을 털어놓으려는 순간을 놓치지 않으려면, 그 아이가 영어 선생님에 대해 불평할 때부터 귀 기울여 들어주어야 합니다. 처음으로 실연을 당한 딸을 어루만져줄 기회를 잡으려면, 평소에 그 아이가 남들의 옷차림에 대해 수다를 떨 때에도 말상대가 되어 주어야 합니다.

　함께한다는 것은 꼭 필요한 어떤 말을 해준다는 의미가 아닙

니다. 올바른 답을 다 알고 있다는 뜻도 아니며 완벽한 미래를 약속해준다는 뜻도 아닙니다. 누군가와 함께 하기 위해 세상에서 가장 똑똑한 사람일 필요도 없고 부자이거나 재미있는 사람일 필요도 없습니다. 그것은 그저 우리에게 기대고 싶어 하는 사람들 곁에 있음으로써, 말 그대로 함께 한다는 뜻입니다.

아이들의 미래에 영향을 미칠 중대한 순간이 닥쳤을 때, 그 아이들이 원하는 장소에 바람직한 모습으로 기다리고 있을 수 있는 것은 평소에 많은 시간을 그 아이들에게 바쳐왔다는 증거입니다. 바로 그 점 때문에 함께한다는 자체가 큰 힘이 되는 것입니다.

하늘에 계신 아버지에게 우리가 가장 감사하는 것도 바로 그 점이 아닐까요? 그분은 언제나 우리와 함께 계십니다. 중대한 순간은 물론 사소한 순간에도 마찬가지로 말입니다. 당신도 언제나 아이들 곁에 머물러줌으로써 그분을 따르시길 바랍니다.

내 삶에 벌어진 **수많은** 일 중에서
내 아이들의 **아버지**였다는 것 이상으로
내게 **크나큰** 기쁨을 준 일은 없었다.

빌 코스비

거칠고 억센 손을 통해 전해지는 온기

이윽고 빛이 저물고

그림자 어른대며

자취 없이 오고 갈 때

해질녘의 노래는 귓가에 들려오네

슬프고도 긴 하루가 가고

우리의 마음이 구슬피 울 때

해질녘의 노래는 여전히 들려오네

옛 사랑의 노래되어 들려오네

로열 오크의 가드니아 거리에 살던 무렵, 한동안 심하게 앓았던 때가 있었다. 지금 생각해보면 아마도 유행성 독감이 아니었나 싶다. 하지만 그 당시 나를 진찰해주었던 동네 의원 스미스 선생은 그렇게 자상한 의사가 아니어서 병명이 뭐였는지도 정확히 알려주지 않았다.

그 시절에는 누구나 병에 걸리는 것도 다 하늘의 뜻이라고 받아들였다. 자신의 저항력으로 싸우는 것 말고는 별 다른 치료 방법을 생각하지도 않았다. 무슨 병에 걸렸든지, 닭고기 스프와 잘 구운 빵, 뜨겁게 푼 계란이면 다 치료할 수 있다고 믿었다. 그밖에는 찬 물수건으로 열을 내려주는 정도가 전부였다. 우리뿐 아니라 누구나 그랬으니, 시절이 그랬다고 해야 할 것이다.

어쨌거나 그런 식으로 나는 몇 날 며칠을 앓았다. 구토와 열이 심해서 먹고 마시는 것도 힘겨울 정도였기 때문에 내 몸은 극도로 쇠약해져 있었다. 어머니는 하루 종일 내 침대 곁에 머물면서 나를 보살피셨다. 그 당시 아버지는 연장과 약품을 파는 상점에서 일하고 계셨기 때문에, 저녁때나 되어야 만날 수가 있었다.

퇴근해서 돌아온 아버지는 내가 혹시라도 잠들어 있을까 봐 소리 없이 문을 열고 고개만 먼저 살짝 들이밀곤 하셨다. 그러다 만일 내가 깨어 있으면, 환한 미소를 지으며 이렇게 인사를 건네셨다.

"어이, 친구, 오늘은 좀 어떠신가?"

그렇게 말을 건네는 아버지의 목소리가 하도 명랑해서 나 또한 기분이 좀 나아지는 듯 느껴질 정도였다. 처음 며칠은 그런 식으로 하루하루가 지나갔다.

그러나 시간이 지나도 차도가 없었다. 오히려 날이 갈수록 나는 점점 더 심하게 앓기 시작했고, 말을 하기도 힘겨울 만큼 쇠약해져갔다. 부모님의 걱정은 이만저만이 아니었다. 집에 돌아오신 아버지는 하루도 빠짐없이 내 곁에 조용히 다가와 손을 잡으시고, 내 머리칼 속에 손가락을 넣어 쓸어주시며 묻곤 하셨다.

"오늘은 좀 어떠니, 얘야?"

아버지의 얼굴에는 전에 없던 근심이 드리워져 있었고, 나는 또 그게 미안하기만 했다. 하루하루 시간이 지나면서 아버지의 걱정은 그 정도를 더해갔다. 그런 아버지의 모습을 볼 때마다 나도 모르게 미안한 마음과 더불어 괜한 짜증이 나기도 했다.

그러던 어느 날, 밤늦은 시각에 나는 심한 열로 잠이 깨고 말았다. 어째서인지 복도의 불이 아직 켜져 있었다. 그 불빛이 열린 문틈으로 새어 들고 있었다. 그 희미한 불빛 때문에 나는 침대맡에 누군가가 앉아 있다는 것을 알 수 있었다. 처음에는 당연히 어머니일 것이라고 생각했다.

그러나 내가 약간 꿈틀대는 바람에 그의 손이 내 손을 꽉 쥐었을 때, 나는 그게 엄마의 손이 아니라는 것을 알았다. 그 손은 크고, 억세고, 거칠었다. 고개는 돌리지 않은 채로 눈만 움직여 그를 살펴보았다. 거기에는 아버지가 나를 내려다보며 앉아 계셨다.

아버지는 아직 작업복 차림 그대로였다. 연청색 셔츠에 감청색 바지, 그리고 검고 투박한 구두와 하얀 양말. 셔츠는 얼룩투성이였고, 온몸에서는 기름에 찌든 특유의 냄새가 풍겼다. 아버지의 머리는 깍지 낀 손 위에 얹혀 있었고 눈은 꼭

감겨져 있었다. 그리고 얼굴에는 눈물 자국이 있었다. 나는 아버지의 입술이 달싹이는 것을 보았다. 생각할 것도 없이 나는 아버지가 기도를 하고 계신 줄 알았다.

그러나 가만히 들어보니 그것은 기도가 아니었다. 아버지는 「구슬픈 옛사랑의 노래」를 가만가만 읊조리고 계셨다. 가사도 곡조도 엉망이었지만, 너무나도 달콤하고 부드러운 노랫소리였다. 나의 아버지는 그 노래를 가장 필요한 순간에 가장 멋들어지게 부르셨던 것이다. 그때 내 나이 열한 살이었다.

이 이야기를 통해 내가 하고 싶은 말은, 그날 아버지가 내 곁에 있어 주신 덕택에, 그분이 저지른 많은 실수와 실패들은 내 기억 속에서 씻은 듯이 사라져버렸다는 점이다. 아버지도 사람인 이상 실수할 때가 있다. 가장 훌륭한 아버지라 해도, 그 모든 실수의 가능성을 전부 피해 갈 수는 없다. 그러나 자식의 인생이 위기를 맞는 중대한 순간에는 반드시 자식의 곁에 있어 주어야 한다.

문제는, 그런 중대한 순간이 언제 어떻게 다가올지 모른다는 것이다. 결정적인 순간을 놓치지 않으려면, 아무도 기억하지 못할 매일의 일상적인 순간들을 전부 붙잡아야 한다. 그것은 일종의 대가이다. 신의 섭리와도 같은 기회가 다가왔을 때 그 자리에 함께 하기 위해 치러야 하는 최소한의 대가 말이다.

단 한 번의 성공을 위해 수 천 번의 실패를 감수해야 할 때도 있다. 그러나 그 한 번의 성공은 너무나 크고 위대해서, 지나간 모든 실패를 보상하고도 남을 것이다. 아니, 지나간 실패들은 이제 더 이상 실패가 아닌 셈이다. 그것은 진정한 부모가 되기 위한 혹독한 훈련 과정이었다. 훈련을 게을리 하면 경기에 이길 수 없다는 것쯤은 어린아이들도 다 아는 사실이다.

나의 아버지는 객관적인 기준으로 볼 때 결코 성공한 인생은 아니었다. 하지만 나에게 있어 그분은 어느 누구보다 훌륭한 아버지였다. 내가 아버지를 필요로 하는 순간 내 곁에 계셨기 때문이다. 아버지가 내 곁에 있다는 것만으로 나에게는 큰 힘이 되었다. 아버지를 의지해 많은 난관을 극복했고

그때마다 아내라는 나의 뒤에서 미소를 보여 주셨다. 언제나
함께 한다는 것! 오직 그 길만이 중대한 순간을 함께 하기 위
한 가장 확실한 길이다.

Chapter 6

두 종류의 아버지

아버지!
당신은 내게 큰 스승이셨습니다.

내 마음속은 언제나
어리석음과 이기심의 씨앗을 품고 있었습니다.
그 어리석음과 이기심의 씨앗이
싹을 틔우려 할 때,
당신은 나에게 깨우침을 주셨습니다.

사랑을 담아 세상의 모든 아버지에게

두 가지 선물, 사랑과 존경

자녀의 사랑과 신뢰를 받고 있는 아버지 여러분! 당신은 아버지로서 어떤 태도를 견지해야 하는지 잘 알고 있는 분이라 믿어 의심치 않습니다. 당신은 경박하고도 속된 세상의 가치와 유행에 결코 흔들리지 않았습니다. 당신은 보이지 않는 적과 대적해 왔으며, 그들의 맹렬한 공격과 위협으로부터 끝내 자신의 소중한 영토를 지켜낸 분입니다. 당신은 바로 그런 아버지입니다.

그렇기 때문에 당신은 아무나 차지할 수는 없는 최고의 기쁨이자 영예인 '사랑과 존경'을 받고 있는 것입니다. 당신의 가족은 당신에게 이 두 가지 선물을 기꺼이, 그리고 한껏 주고 있을 것입니다. 그러나 물론, 이 기쁨의 선물은 공짜로 주어진 것이 아닙니다. 당신이 치른 대가는 혹독할 정도였지요.

한 집안의 가장으로서, 그 누구에게서도 환영받지 못할 어려운 결정을 내려야 했을 때, 당신은 가족으로부터 원망을 듣기도 했습니다. 어쩌면 그들의 주장에 굴복하고, 집안의 소란을 잠재워버리는 편이 훨씬 더 쉬웠을지도 모릅니다. 그러나 당신은 그

렇게 하지 않았습니다. 그들의 비난을 기꺼이 감수했고, 끝내는 그들의 마음을 돌려놓았습니다. 또한 가족 중 누군가의 이기심과 잘못이 꾸지람을 받아 마땅한 상황에서는 집안의 평화를 포기하는 일도 서슴지 않았습니다. 더 큰 죄악과 파멸을 예고하는 그 첫 조짐을 모른 체 지나갈 수도 있었겠지요. 그러나 당신은 그렇게 하지 않았습니다. 애정 어린 엄격함으로 그것을 들추어 냄으로써, 닥쳐올 재앙을 막았지요.

키를 잡은 사람의 책임감이 어떤 것인지 가르치기 위해서 당신은 안전한 항로를 버리고 일부러 모험을 선택할 때도 있었습니다. 아이들과의 시간을 추억과 즐거움으로 채우고, 그 아이들이 수줍음을 극복하고 잠재된 가능성을 펼치도록 격려하느라 저녁시간의 달콤한 휴식도 기꺼이 바쳐왔습니다. 또한 가족이 위험에 빠졌을 때는 밤잠을 설쳤습니다.

그러므로 당신이 지극한 사랑을 받는 것은 너무나 당연한 일입니다.

책임이라는 말만큼이나 사람들을 질색하게 만드는 것도 없다.

그러나 그것만큼 우리 인류를 발전시키고

강하게 만들어주는 것 또한 없다.

프랭크 크레인

세상에는 두 종류의 아버지가 있다

쥬디가 대형 할인 마트에서 우리에게 필요한 식료품 몇 가지를 사고 있는 동안 나는 차 안에 홀로 남아 그녀를 기다리고 있었다. 때는 이미 늦은 밤이었고, 게다가 비까지 내리고 있었기 때문에 나는 쥬디가 나오면 즉시 차에 태울 수 있도록 매장의 출구 두 개가 다 보이는 위치에 차를 세워 두고 있었다. 밤이 깊었음에도 불구하고, 손님이 꽤 많은 편이어서 자칫하다가는 쥬디를 놓칠지도 모른다는 생각이 들었다. 나는 유리에 김이 서리지 않게 하려고 차창을 10cm쯤 열어두고 있었다.

내 차에서 멀지 않은 곳에 스테이션 왜건이 한 대 서 있었는데, 내가 쥬디를 기다리는 동안 그 차의 주인 가족이 먼저 매장을 나왔다. 식료품 봉투들이 가득 실린 쇼핑 카트를 밀고 나온 그들은 어린아이들을 거느린 젊은 부부였다. 서른 대여섯쯤 되었을까? 남편은 머리가 벗겨지기 시작한 땅딸막한 남자였고, 부인은 어디서나 쉽게 볼 수 있는 수수한 차림의 주부였다. 눈길을 끄는 데가 있다면, 그녀의 머리카락이었다. 자욱한 수증기가 뿜어내는 은은한 빛과 빗방울이 만들어내는 환상적인 효과 때문에 그랬는지, 그녀의 머리로부터 목과 얼굴에까지 굽이치는 풍성한 머리카락은 부드럽고도 미묘한 빛을 발하고 있었다.

정말 멋진 머리카락을 가졌다고 그녀에게 말해 주고 싶어질 정도였다. 그러나 물론 그것은 혼자만의 상상으로 접어두었을 뿐, 정말로 그런 말을 건네지는 않았다.

세 아이 중 가장 큰 아이는 열 살 쯤 되어 보이는 남자 아이였는데 그 아이가 쇼핑 카트를 밀고 있었다. 그 아이 역시 그 또래의 평범한 남자 아이들과 마찬가지로 청바지와 티셔츠 차림에 운동화를 신고 있었다. 그 아이 말고도 너덧 살쯤 되어 보이는 꼬마 둘이 더 있었다. 엇비슷한 차림새에 눈에 띄는 점을 아무것도 찾을 수 없어서, 남자 아이인지 여자 아이인지조차 끝내 분간할 수 없었다.

이윽고 아이들의 아버지가 스테이션 왜건의 뒤쪽 문을 열었다. 그리고는 큰 아들과 함께 쇼핑 카트의 물건들을 차에 옮겨 싣기 시작했다. 마침내 그 일이 끝났을 때 아버지는 아들에게 말했다.

"카트를 저기 저 반납장소에 가져다 놓고 오너라, 대니."

그가 그 말을 할 때에도 비는 내리고 있었다. 그러나 그렇게 심하게 퍼붓는 비는 아니었다. 성가시기보다는 오히려 기분 좋게 내리는 비였다. 책이라도 한 권 펼치고 싶게 만드는, 애인에게 전화라도 걸고 싶게 만드는, 혹은 빗소리에 취해 잠에 빠져들기 딱 좋은 비였다. 따스하고 촉촉한 보슬비 말이다.

그러나 아이의 생각은 달랐던 모양이다. 빗속을 뚫고 카트를 끌고 갈 생각이 전혀 없어보였다. 그들과 나의 거리는 3m 정도 되었다. 물론 그들은 내 존재를 알아차리지 못했겠지만

그들이 주고받는 말이 내 귀에는 또렷하게 들렸다.

"아휴, 아빠, 비가 이렇게 오는데요."

아이가 불평했다.

"몇 초면 후딱 갔다 올 수 있어. 그게 그렇게 너한테 힘든 일이니?"

그러나 그렇게 말하는 아버지의 목소리에는 어른다운 단호함이란 찾아볼 수 없었다. 눈치 빠른 아이는 자신에게 유리한 상황을 십분 활용했다.

"저 사람들도 카트를 갖다 놓지 않고 그냥 갔잖아요."

아이는 여기저기 아무렇게나 굴러다니고 있는 카트들을 가리키며 항변했다.

"저 사람들 카트가 우리하고 무슨 상관이니, 우린 우리 카트만 책임지면 돼."

아버지가 맞받아쳤다.

"누가 알아준다구요? 매장 직원들 중에는 여기 나와서 카트를 모아 가는 사람이 따로 있다구요."

아이도 지지 않고 대꾸했다.

그때, 기다리다 지친 어머니가 아들의 편을 들고 나섰다.

"제발요, 칼. 주차장에 카트가 하나 더 굴러다닌다고 무슨 큰일이라도 나나요?"

어머니의 그 말 한 마디로 승리를 판정 받은 셈이 된 아이는 차문을 열고 냉큼 안으로 들어가 버렸다. 졸지에 혼자 남겨진 아버지로서는 더 이상 말씨름을 이어갈 도리가 없었다. 그는 머쓱해진 얼굴로 어깨를 한 번 으쓱하더니, 차문을 열려고 손을 뻗었다. 그러나 다음 순간 그는 차 문의 손잡이를 붙잡은 채로 잠시 멈춰 서 있었다. 나는 그가 왜 갑자기 얼어붙은 듯이 그러고 서 있는지 처음에는 알지 못했다. 그러나 그의 눈길을 좇아 증기가 자욱한 주차장을 가로질러 맞은편을 보았을 때 그 이유를 알 수 있었다. 그의 시선은 한 쌍의 노부부에게 멈춰 있었다. 서로의 팔에 의지한 채 천천히 움직이고 있는, 어디서나 쉽게 볼 수 있는 노인들. 그러나 가만히 보니, 그들의 굼뜨고 무거운 팔은 텅 빈 쇼핑 카트를 힘겹게 밀고 있었다. 그러니까 그들은 카트를 제자리에 반납하기 위해 빗속을 함께 나아가고 있었던 것이다.

그 모습을 본 아이의 아버지는 잠깐 새에 사람이 달라져 버렸다. 그의 내부에 잠들어 있던 결정적인 무언가가 일깨워 진 듯, 겉보기에도 영 딴사람이 되어 버렸다. 구부정하던 등 이 곧게 펴지고, 턱은 바짝 당겨졌으며, 어깨도 한결 늠름하 게 벌어졌다. 오래 전, 결혼식장에 신랑으로 입장할 때의 모 습으로 돌아간 것이 아닌가 싶을 정도였다. 뿐만 아니라 그 의 목소리에도 변화가 있었다. 조금 전까지만 해도 느껴지지 않던 단호함과 권위가 이제는 뚜렷이 느껴졌다. 그는 아들에 게 말했다.

"대니, 이리 나오거라."

대니는 마지못해 차에서 내렸다.

"저기 반납 장소에 카트들이 보이지? 세상에는 두 종류의 사람들이 있단다. 카트를 제자리에 갖다 놓는 사람과, 그렇 게 하지 않는 사람. 우리 가족은 언제나 틀림없이 카트를 제 자리에 갖다 놓아야 해. 왜냐하면 우린 꼭 그렇게 하는 종류 에 속하는 사람들이니까. 명심하거라, 대니. 우리가 어떤 종 류의 사람들인지. 자, 그럼 어서 카트를 갖다 놓고 오너라."

아이는 군말 없이 카트를 몰고 갔다. 그 모습을 지켜보며 나는 아이 아버지의 말을 되새겨보았다. 되새겨볼수록 그의 말은 옳고도 옳았다. 언제 어디에나 반드시 두 종류의 사람들이 있는 법이다. 그리고 또한 세상에는 두 종류의 아버지가 있다.

당신은 어떤 아버지인가?

Chapter 7

인생의 실수를 해결하는 방법

낮은 곳을 향해 내려가는
아버지의 용기가 자랑스럽습니다.

당신은 언제나 겸손함을 잃지 않으셨습니다.
오만한 자들의 편에 서지 않으셨고,
스스로를 낮추셨습니다.
당신을 통해 스스로 낮아질 때,
오히려 더 높여짐을 배웠습니다.
오만과 이기심은 허상만을 부풀려 놓음을
당신을 통해 깨달았습니다.

사랑을 담아 세상의 모든 아버지에게

그 누구도 언제나 옳을 수는 없습니다

자녀를 둔 아버지들이여! 지금 당신의 마음을 사로잡고 있는 고민거리가 무엇이든지 간에, 아주 잠깐만 내 말에 귀 기울여 주십시오. 듣고 나면 당신의 마음이 한결 편안해질 중대한 비밀 한 가지를 알려드리겠습니다. 사실 당신도 한 번쯤은 생각해 보았음직한 문제에 관한 것입니다. 그러나 확실한 결론에 도달한 이들은 많지 않습니다.

이 새로운 비밀을 마음 깊이 받아들이기만 한다면, 당신의 마음에는 전에 없던 평화가 깃들고, 정신적인 불안도 가라앉을 것이며, 마치 긴 겨울잠에서 깨어난 것처럼 당신의 영혼은 생장에의 욕구와 힘을 회복할 것입니다. 다만 이 비밀을 거부감 없이 즉각 받아들이기는 그리 쉬운 일이 아니지요. 처음에는 머리카락이 쭈뼛 서는 듯하고, 등골이 오싹해지기도 하지요. 하지만 걱정 마십시오. 당신에게는 그 처음의 힘든 과정을 극복할 수 있는 힘과 능력이 있습니다.

들을 준비가 되었습니까? 자, 그럼 말씀드리겠습니다.

"그 누구도 언제나 옳을 수는 없습니다."

빙그레 미소를 지으시는 것을 보니, 당신도 이미 알고 있군요. 이 말은 틀림없는 진리입니다.

언제나, 무슨 일에서나 정답만 이야기하려고 노력하는 것은, 인간의 힘으로는 도저히 지고 갈 수 없는 무거운 짐을 짊어지는 것과 같습니다. 그런 헛된 노력에 뒤따르는 대가는 또한 얼마나 터무니없이 비싼지요? 이제 그만 그 짐을 내려놓고 싶다면, 거울 앞에 서서 스스로에게 말씀하십시오. 인간은 그 누구도 언제나 옳을 수는 없다는 이 비밀을 말입니다.

누구나 다 아는 이야기라구요? 그렇다면, 새로운 비밀을 하나 더 가르쳐드릴까요? 자신이 틀렸다는 것을 인정하는 것은 굴욕이나 수치의 경험만은 아닙니다. 그것을 인정하는 순간 당신은 그 어느 때보다도 더 사랑스러운 존재가 될 것입니다. 기꺼이 인정할 수만 있다면 말입니다.

부모가 모든 것을 뒤죽박죽 망쳐놓는 것을 본 적이 없는 아이들,
한 번도 실수한 적이 없는 완벽한 부모의 아이들이라면,
그들은 인생의 실수를 해결하는 방법을
누구에게서 배울 수 있을 것인가?
한 번쯤 엉망으로 망가지는 일 없이 평생을 사는 사람은
아무도 없을진대 말이다.

론 로스

거트루드가 남긴 교훈

    내 아들 링컨과 나는 미시건 주의 프랑켄머스라는 작은 도시로 낚시를 하러 간 적이 있었다. 그 당시 아들의 나이는 열한 살이었고, 그 도시는 우리 동네로부터 대략 80km쯤 떨어져 있었다.

    프랑켄머스는 양조장이 많기로 손꼽히는 도시이며, 프라이드 치킨과 돼지고기 초절임으로도 유명한 도시였지만, 연어 낚시로는 거의 알려져 있지 않았다. 그러나 우리가 그곳을 찾은 목적은 다름 아닌 낚시 때문이었다. 클린튼 강의 댐이 그 도시에 있었는데, 바로 그 댐에 휴런 호의 연어들이 적잖게 모여든다는 것을 우리는 알고 있었다.

어두워지기 전에 두어 시간이라도 낚시를 즐길 수 있기를 바라는 마음에, 아들의 학교가 파하자마자 우리는 프랑켄머츠로 출발했다. 시간이 어떻게 지나는지도 모르게 우리 부자는 낚시에 빠져들었다. 그러나 늦가을의 해는 너무도 짧았다. 우리가 즐겁고도 아쉬운 낚시를 마치고 돌아갈 채비를 할 때에는 이미 어둡고 추운 밤이 우리의 갈 길을 재촉하고 있었다. 우리는 좁고 구불구불한 국도를 따라 차를 몰았다. 나도 모르게 점점 더 속도를 내고 있는데, 그때 갑자기 헤드라이트 불빛이 우리의 앞길을 가로막고 선 무엇인가를 하얗게 비추는 것이 아닌가.

그것은 길 한가운데에 버티고 선 흰 오리였다. 지금 생각해 보아도, 어쩌다가 그런 시간에 오리 한 마리가 국도 위에 서 있을 수 있었는지 도무지 이해가 되지 않는다. 잘은 모르지만, 오리도 닭과 마찬가지로 어두워지면 곧 잠드는 것 아니었던가? 그럼 그 놈 역시 자고 있었어야 할 시간이었는데 말이다.

유감스럽게도 나는 차를 세우지도, 그 녀석을 비껴가지도 못했다. 그러기에는 속력을 너무 내고 있었던 것이다. 어쩔 수 없이 내쳐 달렸고, 철퍼덕 하는 끔찍한 소리와 함께 오리가 차 바닥에 부딪치는 소리가 쿵쿵 울렸다.

그 끔찍한 순간 다음에 내가 한 행동을 고백하기란 쉽지 않다. 솔직히 말하자면, 창피한 생각이 들 정도이다. 나는 차를 돌려 사고 지점으로 돌아갔다. 그 오리를 집으로 싣고 가 요리해 먹을 수 있지 않을까 해서였다.

되돌아가 보니, 아니나 다를까 오리는 길바닥에 쓰러져 있었다. 수 백 개의 깃털을 사방팔방으로 날린 채, 길 한 가운데에 죽은 채로 뻗어 있었다. 나는 길가에 세워둔 차까지 오리를 끌고 갔다. 차 문을 열고 오리를 들어 뒷자리의 차 바닥에 실었다. 그리고는 다시 집을 향해 차를 몰기 시작했다. 좌석이 접히는 소형차 뒷자리에 오리 한 마리를 싣고 아들과 함께 달리고 있었다.

내가 운전을 하는 동안 내 아들 링컨은 아무 말이 없었다. 하지만 정신은 그 어느 때보다도 말똥말똥해 보였다. 평소대로라면 낚시를 마치고 집으로 돌아가는 차 안에서 깊이 잠들게 마련인데, 아무래도 오리 사건이 그 아이의 상상력에 발동을 건 모양이었다. 그 아이가 뒷자리의 오리를 훔쳐보고 있다는 것을 나는 알 수 있었다. 몇 분이 지났을 때, 이윽고 아이가 입을 열었다.

"아빠, 오리에게도 영혼이 있나요?"

"아니란다, 아들아, 오리한테는 영혼 같은 게 없지."

"그럼 오리가 죽었을 땐 어떤 일이 일어나나요?"

"오리에게는 좀 미안한 일이지만 우리집 식탁에 오르게 되지."

"제 말은, 죽은 뒤에 어디로 가느냐고요?"

"아무데도 가지 않아. 그냥 없어지는 거야."

"아!"

아이는 몇 분 동안 생각에 잠겨 있더니 다시 말했다.

"아빠, 오리를 위해서 기도해도 되죠?"

"안 될 거야 없지만, 그럴 것까지 있을까?"

"오리가 불쌍해서 그래요."

아이는 곧 진지한 침묵 속으로 빠져들었다. 정말로 기도를 하고 있는 모양이라고 짐작하는 수밖에, 나는 뭐라고 말해야 할지 알 수가 없었다. 그러고도 얼마 동안이나 아이의 눈은 오리에게 붙박여 있었고, 다시 몇 분이 지났을 때 아이가 나를 불렀다.

"아빠?"

"왜 그러니, 아들아."

"하나님이 제 기도를 들어주셨나봐요. 아빠, 오리가 살아났어요."

"하나님은 그런 식으로 응답하시지 않는단다. 오리는 죽었어. 얘야."

다시 몇 분이 지나갔다.

"아빠! 왜 하나님이 그런 기도는 안 들어주실 거라고 생각하세요?"

"왜냐하면, 사도 요한이 죽은 뒤로 기적의 시대는 끝났으니까."

"정말 그래요? 확실한 거예요? 오리가 저렇게 살아나서 움직이는 걸 제 눈으로 보고 있는데도요?"

"그만해라 얘야. 차가 흔들리니까 오리도 흔들리는 것뿐이야. 오리는 죽었어. 네가 오리를 불쌍하게 여기는 것도 이해하고, 사실 나도 그래. 네가 오리를 위해서 기도하는 것도 다 이해한다. 그렇지만 살다보면 나쁜 일도 일어나는 법이고, 그걸 받아들일 줄도 알아야 해. 오리의 죽음을 인정하고 싶지 않은 네 마음은 알겠지만 오리는 죽었어. 차에 부딪히는 소리를 너도 들었잖니?"

"네, 하지만 아빠, 오리가 방금 또 움직였어요. 차가 흔들려서 그런 건 절대 아니에요. 지금 녀석이 나를 똑바로 쳐다보고 있는 걸요."

"아들아, 그건 좀 심한 거 같다. 공상이 거기까지 굴러가게 내버려두면 안 되지. 이 아빠가 몇 번이나 말했지만 오리는 죽었어, 죽었다구. 아무리 열심히 기도해도 죽은 걸 되살릴 수는 없어. 내 말을 믿어. 나는 네 아빠야, 그러니까 내가 죽었다고 하면, 넌 무조건 죽은 걸로 믿어야 돼. 오리는 죽었어. 이제 오리 얘기는 더 듣고 싶지 않아. 알겠니?"

"네, 아빠."

"꽥!"

"이게 무슨 소리냐?"

"죽은 오리가 내는 소리 같아요, 아빠."

나는 고개를 돌려 뒤를 보았다. 그러고는 내 눈을 의심할 만한 광경에 맞닥뜨렸다. 틀림없이 죽어 있었던 오리가 똑바로 서서 주위를 두리번거리고 있는 것이 아닌가? 여기가 어딘가 하는 표정으로 말이다.

"아들아, 기적의 시대가 다시 돌아왔나 보다. 저 오리는 분명히 죽었었어!"

우리는 그 오리를 집으로 데려와 한동안 돌봐주었다. 겨울에는 사용하지 않는 뒷마당의 수영장에다 풀어놓으니 안성맞춤이었다. 우리는 그녀에게(내가 아는 한, 그 녀석은 암컷이었다) 이름도 붙여주었다. 거트루드! 한 달쯤 뒤에 우리가 다시 프랑켄머스에 들를 일이 있었을 때, 우리는 거트루드를 데리고 가서 그녀를 처음 만난 그 지점에 풀어주었다.

그렇게 잠시 우리 곁에 머물렀던 거트루드는 나에게 중요한 교훈을 남겨주었다. 내가 언제나 옳을 수는 없다는 것이다. 그리고 나이가 많다고 해서 반드시 더 현명한 것도 아니라는 사실이다. 때로는 우리가 눈앞의 명백한 사실을 끝내 외면하고, 논리와 전제만을 고집하는 우를 범하기도 한다는 것을 배웠다. 다른 관점에서의 견해는 무시하고 오직 내 생각만이 옳다고 고집하다가는 내 오류를 만천하에 폭로하는 "꽥!" 하는 현실의 호통소리를 듣게 된다는 것도 배웠다. 아이는 사실에 충실했지만 나는 경험과 판단에 의존해 오류를 범했다. 나이가 많다는 것, 경험이 많다는 것이 때로는 실수를 부를 수 있다는 사실을 기억해야 한다.

언제든 당신이 누군가와 의견충돌을 일으켰을 때, 당신의 견해를 강요하고 싶은 유혹에 사로잡히거든, 그것이 어떤 종류의 문제이든 간에 즉각 오리 거트루드를 기억해내기를 바란다. 한 발 물러서는 여유와 함께 자기의 실수를 두고 즐겁게 농담도 할 줄 아는 멋을 보여주기 바란다. 가끔은 스스로의 오류를 인정하는 것도 그렇게 끔찍한 경험만은 아니라는 것을 알게 될 것이다.

실수를 인정한다는 것은 용기를 필요로 한다. 진정한 용기

는 자신의 실수를 있는 그대로 인정하는 것이다. 그럴 때 직
면한 문제를 바로 볼 수 있고, 문제 해결에 한 발짝 더 다가
설 수 있다.

포옹 Hugs for Dad

지은이 존 스미스
옮긴이 조민희

1판 1쇄 인쇄 2007년 4월 16일
1판 1쇄 발행 2007년 4월 24일

펴낸이 김영곤
펴낸곳 (주)이끌리오
책임편집 주명석 정은주
기획편집 고동우 배은하 박효진
영업마케팅 윤지환 이종율 허정민

등록번호 제 16-1646
등록일자 2000년 4월 10일

주소 경기도 파주시 교하읍 문발리 파주출판문화정보산업단지 518-3 (413-756)
전화 031-955-2411
팩스 031-955-2422
이메일 eclio@book21.co.kr
홈페이지 http://www.eclio.co.kr

값 9,800원
ISBN 978-89-5877-058-9 03840